Christa Möller

Fensterbilder

aus Tonkarton
für Ostern und Muttertag

Frech-Verlag Stuttgart

Für eine gewerbliche Nutzung der gezeigten Modelle ist die Genehmigung der Verfasserin erforderlich.

Fotos: Birgitt Gutermuth

Auflage: 5. 4. 3. 2. 1. | Letzte Zahlen
Jahr: 1992 91 90 89 88 | maßgebend

ISBN 3-7724-1183-5 · Best.-Nr. 1183

frech-verlag
GmbH + Co. Druck KG Stuttgart
Druck: Frech, Stuttgart 31

Mit den ersten warmen Sonnenstrahlen erwachen wir zu neuem Tatendrang. Wir freuen uns auf den Frühling und begrüßen ihn mit farbenfrohen Fensterdekorationen.
In unmittelbarem Zusammenhang mit dem wiedererwachenden Leben steht das Osterfest, das – vor allem für die Kinder – mit dem Osterhasen, mit Schäfchen, Eiern und Küken symbolisiert wird. In vielen Formen und Kombinationen habe ich sie zum Inhalt der österlichen Fensterbilder gemacht.
Blumen und vor allem Herzen schenkt und dekoriert man zum Muttertag. Das kommt selbstverständlich in den Vorschlägen für diese Fensterbilder zum Ausdruck.

Das braucht man dazu:

Tonkarton - verschiedene Farbtöne
Tonpapier - verschiedene Farbtöne
evtl. Offsetdruckpapier
evtl. leichte Graupappe
spitze, scharfe Schere
Stick- oder Silhouettenschere
Nähgarn - verschiedene Farbtöne
Perlgarn oder Wolle
zum Aufhängen
Lineal - durchsichtig
Zirkel
Lochzange, Locher
Filzstifte
weicher Bleistift
Radiergummi
UHU extra
Rouladennadel oder
Drahtstückchen

Die Erstellung des Musters

Der eingeheftete Vorlagenbogen soll Ihnen hierbei behilflich sein; er ist leicht zu entnehmen. Natürlich können Sie das gewählte Muster einfach durchpausen. Am besten jedoch Sie legen Transparentpapier auf den Vorlagenbogen und ziehen mit einem weichen Bleistift die Linien nach. Legen Sie dann das ausgeschnittene Muster auf das Tonpapier und umfahren es leicht mit dem Bleistift.

Tonkarton – Tonpapier

Stärkeres Tonpapier bezeichnet man als Tonkarton. Ihn nimmt man für Rahmen und stabilere Figuren.
Das normale Tonpapier – in vielen Farben erhältlich – ist für kleinere Motive geeignet. Doppelt geklebt hat es auch für größere Figuren genug Stabilität.

Tips zum Schneiden und Kleben

Die großen Außenschnitte führt man mit der normalen Schere aus. Für die kleinen Teile nimmt man die Stickschere. In die Fensteröffnungen und in die Kreise sticht man erst hinein und schneidet dann nach allen Seiten Entspannungsschnitte. Von beiden Seiten schneidet man mit der Stickschere auf die Fensterecken zu. Kleine Motive kann man mehrlagig ausschneiden.
Drücken Sie den Klebstoff nicht zu dicht an den Rand. Für kleine Teile nehmen Sie etwas UHU extra auf ein Stück Pappe und tragen dann mit einem Stückchen Draht oder einer Rouladennadel ganz wenig davon auf.

Kreise können Sie mit dem Zirkel direkt auf den Tonkarton ziehen. Bei den Mustern ist jedesmal der Radius (Halbmesser) angegeben.
Bevor Sie Verzierungen aufkleben, legen Sie erst einmal alle Einzelteile provisorisch auf. Experimentieren Sie, um die optimale Anordnung zu finden und schließlich alles festzukleben.

Doppelt oder einfach?

Ob Sie beidseitig arbeiten oder nur einfach, hängt davon ab, ob man das Modell von allen Seiten sieht. Denken Sie also beim Basteln daran, daß Sie evtl. für die Rückseite die Teile noch einmal brauchen. Tonpapier können Sie immer doppelt ausschneiden und sich somit Arbeit ersparen.
Komplizierte Schnitte, wie den Magnolienbaum und das Bild mit dem Haselstrauch, arbeitet man am besten nur einseitig.

Die Aufhängung

Für die Modelle brauchen Sie nicht unbedingt eine Lochzange. Sie können sich auch die Löcher mit einer Nadel vorsichtig vorstechen und dann den Faden durchziehen. Beim Lochen mit der Zange markieren Sie sich die Stelle am besten erst mit dem Bleistift. Sollte einmal ein Loch an die falsche Stelle gekommen sein, überkleben Sie es mit einem Herzchen oder Blümchen.
Ich habe meine Modelle überwiegend an Perlgarnfäden gehängt, die farbig passend sind. Nähgarnfäden sind kaum sichtbar, das Modell dreht sich sehr gut – sie können aber abreißen. Die kleinen Teile sollten an Nähgarnfäden hängen.

Fensterbilder mit Rahmen

Diese Motive werden gern gewählt, weil der Rahmen dem Ganzen eine gewisse Ordnung gibt und für den Bastler ein Hilfsgerüst darstellt. Darum beginnen wir mit solchen Arbeiten.
Der Rahmen kann rund, oval, rechteckig oder – zu Ostern – eiförmig sein. Manchmal werden auf ihn die einzelnen Bildelemente geklebt, manchmal wird ein Bild im wörtlichen Sinne eingerahmt oder aber das eigentliche Sujet hängt frei im Rahmen.

Schwarzer Hase im roten Ei

Tonkarton rot und schwarz
Aufhängefaden

Wir schneiden beide Teile aus und befestigen einen dünnen Aufhängefaden im Ohr des Hasen (gekennzeichnete Stelle genau beachten!). Wir legen das Ei hin und den Hasen so darüber, daß die Pfoten über den Rand gehen.
Der Aufhängefaden wird im oberen Eirand befestigt und ein Herzchen mit UHU hart darüber geklebt.
Der Hase dreht sich nicht durch das Ei, sondern bewegt sich nur davor.
Versuchen Sie doch einmal bei dieser Figur eine andere Farbkombination!

Diese Hasenfigur kann man auch doppelt arbeiten, im oberen Teil zusammenkleben, unten auseinanderbiegen und dann hinstellen.

Kranz mit Blüten und Herzchen

Tonkarton schwarz
Zeichenkarton weiß
Tonpapier rot, rosa und grün
Aufhängefaden

Dieser Kranz – ein schönes Muttertagsgeschenk – kann auch von Kindern gebastelt werden.

Zuerst wird der Kranz aus Tonkarton mit einem Außendurchmesser von 20 cm geschnitten. Das Mittelherz wird doppelt ausgeschnitten und ein Nähfaden eingeklebt. Das Herz wird in die Mitte des Kreises gelegt und der Faden oben am Rand festgeklebt.
Schneiden Sie dann Herzchen, Blüten und Blättchen aus und legen Sie diese auf dem Kranz an die richtige Stelle. Schieben Sie die Blättchen unter die rosa Blüten. Kleben Sie nun alles fest, auch auf dem Mittelherzen. Die Blütenpunkte sind mit dem Locher gemacht.

Ovaler Rahmen mit Tulpen, Küken und Eiern

Tonkarton schwarz
Tonpapier gelb, rot, hellgrün, dunkelgrün, schwarz
Schreibpapier weiß

Fertigen Sie zuerst den ovalen Rahmen aus Tonkarton an. Stellen Sie dann die kleinen Küken mit Schnabel und Augen her. Anschließend schneiden Sie die Tulpen sowie hell- und dunkelgrüne Blättchen und kleine Eier aus.

Das Mittelküken wird doppelt gearbeitet und ein Faden zwischengeklebt. Legen Sie dann das Küken in die Mitte des Ovals und kleben Sie oben den Faden fest. Lochen Sie direkt neben diesem Faden und ziehen einen Aufhängefaden ein. Die Blättchen werden neben, die Tulpe über den Faden geklebt.
Verteilen Sie Küken, Eier und Tulpen auf dem Oval. Die Blättchen werden unter die Tulpen geschoben. Erst nach genauer Platzverteilung kleben Sie alle kleinen Teile fest. Auf der Rückseite können Sie alles gegenseitig mit UHU hart aufkleben.

Küken und Häschen im Ei

Tonkarton schwarz, weiß
Tonpapier braun, rot, blau, schwarz, gelb, wiesengrün
Aufhängefaden gelb, Perlgarn

Die beiden eiförmigen Rahmen sind gleich, nicht aber die Wiesenstücke. Kleben Sie bei den Bildern zuerst die Wiesenstücke auf den Rahmen. Anschließend legen Sie das Küken, den Hasen und zuletzt die Eier hin. Wenn Ihnen die Plazierung gefällt, kleben Sie mit UHU hart die Teile fest.
Zuletzt können Sie die Verzierungen – Eier und Tulpe – neben dem Aufhängeloch befestigen.

Eierlegen am Ostermorgen

Tonkarton schwarz
Zeichenkarton weiß
Tonpapier rot, hellblau, hell- und dunkelbraun, drei Grüntöne, zwei Gelbtöne
Aufhängefaden

Es ist ganz früh am Ostermorgen. Die Osterhasen sind gerade dabei, für die Kinder die Eier auf die Wiese zu legen. Schneiden Sie zuerst den Rahmen mit einem Außendurchmesser von 20 cm aus. Das Fachwerkhaus ist aus Zeichenkarton oder aus doppelt geklebtem Schreibpapier. Zeichnen Sie dünn mit Bleistift und Lineal das Fachwerk vor und ziehen Sie es dann mit der Hand nach. Am besten nehmen Sie dazu einen Filzstift. Die Tür wird eingeklebt und schwarz umrandet. Dann wird das Dach „gedeckt". Die ausgeschnittene olivgrüne Wiese wird auf dem Rahmen an drei Punkten festgeklebt. Kleben Sie dann das Haus vorsichtig unter das Wiesenstück auf den Rahmen.
Schneiden Sie die anderen kleinen Teile aus und legen Sie alle erst einmal ins Bild. Kleben Sie dann den kleinen dunklen Strauch vor den großen, den Sie am Rand befestigen. Kleben Sie die Häschen und Eier ein und setzen Sie ein Häschen hinter den kleinen Strauch. Zuletzt noch die Wolken ankleben.

Schäfer und Schäfchen auf der Weide

Tonkarton schwarz
Tonpapier mittelbraun, dunkel- und hellgrün, schwarz, rosa
Schreibpapier weiß
Aufhängefaden Perlgarn oliv, weiß oder braun

Der Rahmen aus Tonkarton hat einen Außendurchmesser von 20 cm. Kleben Sie das frühlingsgrüne Wiesenstück als erstes auf ihn, dann kommen die Schäfchen dran. Für die weißen Körper das Schreibpapier doppelt kleben, sonst schimmert die Wiese durch. Beine und Kopf sind aus schwarzem Tonpapier. Schneiden Sie dann den Schäfer aus, sowie Stamm und Krone der Roßkasta-

nie. Nun legen Sie alle Einzelteile auf die Wiese. Der Schäfer darf nicht zu weit oben stehen, sonst kippt er aus dem Bild. Die Kastanie wird mit der Baumkrone auf den Rahmen geklebt. Setzen Sie zum Schluß noch dic Blütenkerzen in die Baumkrone.

Igel unter dem Magnolienbaum

Tonkarton beige
Tonpapier dunkelbraun, grün, grau
Schreibpapier weiß
Aufhängefaden

Der Kreisrahmen hat einen Außendurchmesser von 20 cm. Zuerst wird das Wiesenstück aufgeklebt. Der bizarre Stamm wird zunächst nur unten untergeklebt. Die weißen Blüten werden mit einem Klebepunkt an Stamm und Rahmen befestigt. Der kleine Igel wird hinter das Wiesenstück geklebt. Bei beidseitigem Kleben muß man sehr genau arbeiten.

Frühling im Wald
Abb. auf der Umschlag-Vorderseite

Tonkarton schwarz
Tonpapier beige, tannengrün, oliv, gelb, hell- und dunkelbraun
Aufhängefaden

Der Vorfrühling beginnt, wenn die Haselsträucher blühen. Auf unserem Bild hängen die Haselkätzchen schon am Baum.
Schneiden Sie zuerst den ovalen Rahmen aus schwarzem Tonkarton, anschließend alle anderen Teile – auch die kleinen Haselkätzchen – aus Tonpapier.
Legen Sie das Wiesenstück auf den Rahmen und schieben Sie an der einen Seite die Tanne, an der anderen den Haselstrauch so darunter, daß Sie beide Teile auch am Rahmen festkleben können. Kleben Sie die Bäume mit kleinen Klebepunkten fest, die Wiese darüber. Das Eichhörnchen findet in der Tanne, der Igel hinter der Wiese vor dem Strauch seinen Platz. Lassen Sie ein paar Haselkätzchen über den Rahmen stehen.

Die Hasenfamilie
Abb. auf der Umschlag-Rückseite

Tonpapier beige, schwarz, rot, grün, blau
Schreibpapier weiß
Filzstift braun
Aufhängefaden

Die Hasenfamilie ist kinderleicht herzustellen. Und für Kinder ist sie auch gedacht. Alle Teile sind maßstabgerecht auf dem Vorlagenbogen.
Wer genau hinschaut, sieht, daß die einzelnen Figuren kleine Unterschiede bei Augen, Nasen, Mund und Ohren aufweisen. Hier sind viele weitere Abwandlungen möglich, die jeder nach Geschmack und Können anwenden mag.
Der Hasenvater ist von Kopf bis Fuß aus einem Stück. Alle anderen Teile sind aufgesetzt. Auch die Arme werden nur durch aufgeklebte schmale Schnippel aus schwarzem Tonpapier optisch vom Körper abgehoben.
Die Hände sind frech in den großen Herztaschen versteckt, die man ruhig über die Hose hinausgehen lassen kann. Das macht die Figur so lebendig und liebenswert.
Bei der Hasenmutter wird als erstes der rote Rock auf den Körper geklebt. Darauf kommt die Schürze, dann Kragen und Herz, schließlich alle kleinen Kopfteile.
Zuletzt werden die Arme über die Schürze geklebt. Man kann dann auch noch kleine Krallen einmalen.
Dem Hasenjungen wird zuerst die Hose „angezogen", d.h. auf den Grundkörper geklebt.
Die Arme kommen von oben darauf, die Füße bzw. Schuhe hinter die Hose.
Beim Hasenmädchen klebt man zuerst die weiße Spitze hinter den blauen Rock, dann beides zusammen auf den Körper. Darüber setzt man die weiße Weste.
Mit Armen und Füßen verfährt man wie beim Jungen.

Vielleicht, liebe Kinder, denkt ihr euch für eure Hasenfamilie noch einige andere Kleidungsstücke aus. Zeichnet sie euch zuerst vor und schneidet sie dann aus. Es wird euch bestimmt gelingen!

Fliegende Vögel im Herz

Tonkarton rot
Schreibpapier weiß
Aufhängefaden

Dieses Herz eignet sich besonders gut als Muttertagsgeschenk. Die Vögel werden doppelt ausgeschnitten; beim Zusammenkleben wird ein weißer Nähfaden mit eingeklebt. Kleben Sie über den Nähfaden jeweils ein kleines weißes Herz auf den roten Herzrahmen.

Man kann die kleinen Herzen auch durch einfache Blümchen ersetzen.

Auf die schwarze Grundform des Marienkäfers kleben Sie das rote Oval der Flügeldecken, wobei der Aufhängefaden gleich mitbefestigt wird. Nur Beine und Fühler schauen noch heraus. Die schwarzen Punkte (aus dem Locher!) machen das Ganze schließlich zum Marienkäfer.
Beim Bäumchen werden Faden und Stamm zwischen eine doppelte Krone geklebt, während das Küken ganz doppelt gearbeitet wird, damit auch hier der Aufhängefaden zwischengeklebt werden kann.
Nachdem die Motive mit den kleinen Teilen vervollkommnet sind, werden die Nähfäden auf den Eirahmen geklebt; sie laufen dann zum Aufhängen weiter. Den Klebepunkt verdecken Sie mit einem Schleifchen oder einer Blume. Zusätzlich kommt noch ein Locherplättchen in passender Farbe darüber.
Für die Schleifchen knicken Sie Tonpapier und zeichnen eine Schleifenhälfte mit Bleistift auf. Denken Sie beim Aufkleben daran, daß die Zeichnung nach hinten kommt.

Anhänger für Osterstrauß
Abbildung auf Seite 18

Tonpapier lila, schwarz, rot, grün, gelb

Die Zeichnung für die Rahmen unserer Minibilder finden Sie im Vorlagebogen. Drei verschiedene Farben Tonpapier sind dafür vorgesehen.

Es ist kein Unterschied...

Diese Anhänger für den Osterstrauß können Sie selbstverständlich auch vergrößern und ans Fenster hängen.
Ebenso leicht werden Sie unter den anderen Vorschlägen einiges finden, was sich für den Osterstrauß verwenden läßt.

Das Fenster im Fenster

Sehr gern wird als Rahmen für ein Fensterbild ein Fensterrahmen gewählt. So kommt es zum „Fenster im Fenster". Eingeklebte Tortenspitzen erinnern an richtige Gardinen.
Von diesem Fenster ist es nicht weit bis zum „Setzkasten" oder zur Vitrine, in die alles unterzubringen ist, wonach uns der Sinn steht.

Hasenmutter im Osterfenster

Die Hasenmutter paßt auf ihre drei Kleinen auf, die noch im Nest sitzen.

Tonkarton braun
Tonpapier 3 Grüntöne, rot, beige
Tortenspitze rund, 20 cm ∅
Schreibpapier weiß
Aufhängefaden
Filzstift schwarz

Schneiden Sie zuerst den Fensterrahmen aus Tonkarton. Die „Gardine" besteht aus drei Teilen. Zeichnen Sie die Fensterkonturen auf die Tortenspitze und kleben sie diese hinter das Fenster. Die kleinen Hasen werden erst hinter das Nest geklebt, dann das Nest auf den Rahmen. Plazieren Sie die Hasenmutter so, daß die kleinen Eier noch hinpassen. Verwenden Sie für das Gras verschiedene Grüntöne.
Das Osterei ist doppelt und mit einer Schleife (Faltschnitt) verziert. Es wird angebunden.
Barthaare, Schwänzchen und Krallen sind mit dem Filzstift angemalt.

Fenster mit Tortenspitze und Spitzenherz (Abb. Seite 21)

Blauer Tonkarton
Tonpapier rot, braun, grün

Schneiden Sie zuerst den Fensterrahmen aus. Legen Sie ihn dann auf die Tortenspitze. Die Zipfel sollten noch etwas in die oberen „Scheiben“ hängen. Umfahren Sie das Fenster mit einem Bleistift, die Tortenspitze danach ausschneiden und hinter den Rahmen kleben. Das Herz brauchen Sie doppelt. Schneiden Sie ein weiteres, weißes Herz aus Schreibpapier, das 5 mm größer ist. Falten Sie dieses Herz auf die Hälfte und zeichnen Sie mit Bleistift die Bogen ein. Nachdem Sie diese ausgeschnitten haben, kleben Sie das Bogenherz zwischen die roten Herzen. Binden Sie das Herz an den Rahmen.
Kleben Sie dann den Blumentopf auf die „Fensterbank“. Die grünen Stengel werden erst hinter den Topf, dann auf den Rahmen geklebt. Anschließend werden Blüten und Geschenkpaket befestigt. Die Schleife ist ein kleiner Faltschnitt.

Weißes Osterfenster

Zeichenkarton weiß
Tonpapier rot, blau, gelb, grün, braun
Schreibpapier weiß
Aufhängefaden gelb

Dieses Osterfenster erinnert an die Setzkästen, die man heute überall findet: Alles, was zum Osterfest gehört, findet darin seinen Platz.
Eine detaillierte Arbeitsanleitung ist sicher nicht nötig. Der Fensterrahmen des Fotos ist eine Abwandlung vom „Fenster mit Spitzenherz“. Falls Sie auf eine genaue Vorlage nicht verzichten möchten, übernehmen Sie bitte die Vorlage von dort.
Am besten ist es, alle Teile auszuschneiden und probehalber aufzulegen. Dabei sollten Sie darauf achten, daß jedes Element wenigstens an zwei Punkten festgeklebt werden kann.
An dieser Stelle sei noch einmal daran erinnert, daß meine Vorschläge Sie nicht einengen, sondern anregen wollen. So wäre es witzig, z. B. in dieses Bild ein Motiv einzubauen, das Ihrem Kind besonders am Herzen liegt, z. B. einen Teddy. Es ist dabei gar nicht wichtig, ob Sie dieses Stück perfekt wiedergeben können.

Freie Modelle

Es gibt keinen sachlichen Grund, Fensterbilder einzurahmen. Jede beliebige Form und Figur kann ins Fenster gehängt werden; das gilt auch für Fensterbilder aus Karton.
Die folgenden Modelle kann man gut mit Kindern arbeiten, für die sie in erster Linie entworfen wurden. Selbstverständlich werden die Eltern helfen.
Für den Muttertag sind die Väter angesprochen!

Häschen im Schneeglöckchen

Weißer Zeichenkarton
Weißes Schreibpapier
Tonpapier braun, rot
Aufhängefaden grün
Nähfaden braun
Filzstifte hell- und dunkelgrün

Der kleine Hase sucht in dem großen Schneeglöckchen Schutz.
Schneiden Sie ihn doppelt aus und kleben Sie einen braunen Nähfaden mit ein. Vergessen Sie nicht, dem Häschen auch Augen, Schwänzchen und Näschen mit UHU hart anzukleben!
Wenn Sie das Schneeglöckchen aus Zeichenkarton ausgeschnitten haben, befestigen Sie den Nähfaden auf dem Fruchtknoten. Kleben Sie einen weiteren Fruchtknoten darüber, der den Faden hält und verdeckt.
Die grüne Bemalung können Sie mit Filzstiften ausführen.

Henne mit Küken im grünen Nest

Die Henne wärmt ihre Küken im Nest. Ein Kleines guckt schon ganz keck über den Nestrand.

Zeichenkarton weiß
Tonpapier rot, blau, gelb, grün, braun
Schreibpapier weiß
Tonpapier gelb, olivgrün, schwarz, rot, dunkelgrün

Schneiden Sie zuerst das Nest doppelt aus. Kleben Sie die Küken hinter den Nestrand und dann die Henne aus Zeichenkarton. Drehen Sie das Objekt um und kleben Sie auf der Rückseite erst die Küken an, dann das Nest darüber. Blumen, Augen, Kamm und andere Kleinteile vervollständigen das Bild.

Dieses Motiv kann man auch gut in Filz auf einen einfarbigen Stoffuntergrund applizieren.

Herzchenbaum

Tonpapier olivgrün, dunkelgrün, rot, rosa, braun
Schreibpapier weiß
Aufhängefaden weiß
Nähfaden weiß

Zuerst werden die Herzchen doppelt angefertigt mit eingeklebtem Faden. Die Krone wird doppelt ausgeschnitten und mit Löchern für die Herzchen versehen. Schneiden Sie den Baumstamm einfach aus und kleben ihn hinter die Krone. Befestigen Sie die Herzchen so, daß sie nicht anstoßen. Nun kleben Sie beide Kronen zusammen. Schneiden Sie die Blättchen, Vögelchen und Blüten aus. Einige Blättchen und Blüten müssen überstehen. Ob Sie den Vögeln Augen anmalen, entscheiden Sie selbst.

Osterband

Tonpapier braun, gelb, grün, blau, rot
Schreibpapier
Aufhängefaden

Alle Teile sind ausgeschnitten und mit dem Faden zusammengeklebt.

Osterhase mit Eierkorb

Tonpapier braun, hell- und dunkelgrün, rot, hellblau, gelb, rosa, blau
Schreibpapier weiß
Baumwollfaden
Aufhängefaden
Filzstift schwarz

Bei diesen Hasen müssen die Muttis ein wenig helfen. Zuerst werden der Hasenkörper und der Korb ausgeschnitten, dann die kleinen Eier in allen Farben. Die Eierfracht wird hinter den Korb und der Korb auf den Hasen geklebt. Für den Bart nehmen Sie drei Fäden dünneres Baumwollgarn oder auch Wolle. Sie werden auf einen Klebepunkt dicht nebeneinandergelegt, dann kommt die rote Nase darüber (Locherplättchen). Die Ohrenschnippel, das Auge und die Blume (Schwanz) aufkleben. Auf den Korb kommen die Flicken. Zuletzt zeichnen wir mit dem Filzstift noch das Auge ein und den Arm, die Pfoten und einige Striche an die Flikken. Natürlich kann man den Hasen mit UHU hart auch von beiden Seiten bekleben.

Blumenkörbchen

Tonpapier beige,
dunkel- und hellgrün,
zwei Gelbtöne, rot
Aufhängefaden
Filzstift schwarz

Das Körbchen wird doppelt ausgeschnitten. Nachdem Sie das Grün vorn aufgeklebt haben, müssen Sie die Blumen teilweise unterschieben.
Man kann das Herauskippen vermeiden, wenn man mit Tonkarton arbeitet. Die dünnen Stiele lassen sich jedoch schlecht schneiden. Das Geflecht mit Filzstift aufmalen.

Ostereier
mit Geschenkpapier

Graupappe
Tonpapier
verschiedene Geschenk- oder Dekopapiere
Schreibpapier, Aufhängefaden

Es gibt so schöne Geschenkpapiere, daß es sich anbietet, sie gelegentlich mitzuverwenden. Das gilt für Fensterbilder, wie für Anhänger im Osterstrauß.

Drei stehende Häschen

Tonpapier Brauntöne, rot
weißer Zeichenkarton
weißes Schreibpapier
kariertes Dekopapier
Baumwollfaden
Filzstift

Die Hasen sind alle doppelt geschnitten. Sie werden nur mit den Köpfen zusammengeklebt. Im unteren Teil wird das Tonpapier so weit auseinandergespreizt, daß die Hasen sicher auf den „Beinen" stehen.

Das Dekopapier muß man mit UHU hart auf Tonpapier kleben. Es eignet sich auch Geschenkpapier mit kleinen Blümchen. Schwänze und Ohrschnippel sind aus Schreibpapier. Für die Barthaare nimmt man am besten dünne Baumwolle. Die Nasen sind kleine rote Locherplättchen.

Mit einem Filzstift können Sie noch Augen, Schnäuzchen und Krallen einmalen.